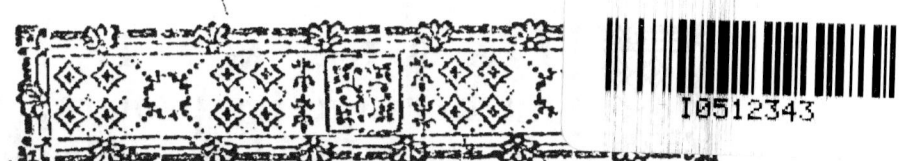

CATALOGUE
DES
TABLEAUX
ET ESTAMPES,
Du Cabinet de M. le B***.

TABLEAUX.

LE Curieux, dont je donne le Catalogue, commençoit à faire une Collection de Tableaux & d'Estampes; la variété des morceaux étoit son principal objet. Il vouloit rassembler les Ouvrages des Maîtres, anciens & modernes, de toutes les Ecoles; mais, comme j'ai dit au commencement, les troubles survenus en

Saxe ont dérangé ses projets, & mis obstacle à ses desirs. Cependant cette Collection, quoique peu nombreuse, est recommandable.

ECOLE ROMAINE.

Rafael da Reggio.

❋ 178. Eliser armé d'une épée, tenant Rebecca par ses habillemens; on voit devant lui une femme qui semble le repousser, pour empêcher le crime où sa fureur l'entraine. Ces Figures, grandes comme nature, sont vues jusqu'aux genoux; Tableau peint sur toile, de quarante-neuf pouces de haut, sur soixante-deux de large.

Reggio naquit en 1552; son Maître fut *Fréderic Zuccaro.* Il a peint le Portrait & l'Histoire avec succès, donnant des caracteres convenables aux Sujets qu'il composoit. Ses Ouvrages sont estimés ; il mourut en 1580.

Pierre Berettini, ou Pietre de Cortonne.

* 179. Acis & Galathée fuïant la fureur de Polipheme ; on voit dans la Mer, que l'on découvre à la droite du Tableau, Neptune & des Naïades accompagnés d'un Amour. Ce Tableau est touché avec beaucoup d'art ; il est peint sur une toile, de cinq pieds de haut, sur sept de large.

Pierre-François Molla, dit le Molle.

180. Un Païsage enrichi de cinq Figures, dont la principale a dix-sept pouces de hauteur, représentant Tancrede : peint sur toile, de trente-quatre pouces de haut, sur soixante de large. Ce Tableau est du meilleur tems de ce Maître, il a des beautés supérieures à beaucoup d'autres de la main de ce savant Artiste.

Jean-Baptiste Molla.

181. Un Païsage touché savament, dans lequel on voit Narcisse admirant sa figure dans le reflet de l'eau; Tableau peint sur toile de douze pouces de haut, sur quinze de large.

ECOLE DE BOULOGNE.

Francesco Primaticcio, ou *le Prématise*, surnommé *Martin de Boulogne*.

182. BETHSABÉE sortant du Bain; auprès d'elle on voit une femme qui tient une cassolette; Tableau peint sur bois, de quarante-neuf pouces de haut, sur trente-sept de large.

On sait que le *Prématise* faisoit quelquefois les demi-teintes un peu trop grises; ce Tableau n'a point ce défaut, il est d'une bonne couleur. Le dessein en est suelte, svelte, & c'est un des plus parfaits de ce Maître. Il naquit à Boulogne en l'année 1490, fut Disciple de *Jule Romain*, & mourut en France en 1590.

Annibal Carache.

183. Un très beau Païsage, représentant la fuite en Egypte : la principale Figure a cinq pouces de hauteur ; peint sur toile, de quinze pouces de haut, sur vingt de large. Ce Tableau est peint d'une fermeté admirable : il est du nombre de ces précieux morceaux que les Connoisseurs ne peuvent se lasser d'admirer.

184. Le Couronnement d'épines, dans le goût d'Annibal Carache ; sur toile, de dix-huit pouces de haut, sur vingt-quatre de large. Il vient du Cabinet de M. le Duc de Tallard.

Annibal Carache, celui qui est le plus en réputation des Peintres de ce nom, fut Disciple de *Louis Carache* ; il naquit à Boulogne en l'année 1560, & mourut à Rome en 1609.

Guido Reni, dit *le Guide*.

* 185. Lucrece : Figure à mi-corps. Ce Tableau qui a du mérite est attribué * au *Guide*; il est peint sur toile, de trente-quatre pouces de haut, sur vingt-sept de large : sa forme est octogone.

Francesco Albano, ou *l'Albane*.

186. La Vierge, avec l'Enfant Jesus placé sur ses genoux & qui tient une croix que baise le petit Saint Jean : Saint Joseph est en méditation. Ce Tableau, peint sur toile, de quinze pouces de haut, sur douze de large, est d'une couleur très agréable.

* Quand je me servirai du mot *attribué*, ou d'autres équivalens, mon intention n'est pas de dire précisément qu'un Tableau soit une Copie, ni même qu'il ne soit pas un Original du Maître auquel le Propriétaire, d'autres personnes ou moi, l'attribuent ; mais seulement que les avis sont partagés, & que dans l'incertitude, j'aime mieux laisser les Amateurs Juges d'un différend, que ma décision d'ailleurs ne termineroit pas.

Albane a étudié sous *Denis Calvart*, *le Guide* & *les Caraches* : les graces qu'il a su donner à ses Figures, font rechercher ses ouvrages, & servent à faire pardonner quelques legeres incorrections de dessein. On a d'autant plus de raison, qu'il est impossible à un Artiste de posseder toutes les différentes parties de son Art au même dégré. Il naquit à Boulogne en 1578, & mourut à Rome en 1660.

Jean-François Barbieri da Cento, surnommé *le Guerchin*.

* 187. La Vierge donnant à tetter à l'Enfant Jésus, pendant que Saint Joseph se repose : ces Figures sont grandes comme nature, peintes sur toile de quarante-huit pouces de haut, sur quatre-vingt-deux de large. Ce Tableau est très frais, d'un coloris brillant, clair, & d'une touche très franche : on en voit peu d'aussi recommandable.

Le Guerchin fut Disciple de *Be-*

nedetto Gennari, il naquit à Boulogne en 1590, il y mourut en 1667.

Jacques Cavedon.

188. Saint Jean prêchant dans le désert; Tableau peint sur toile, de seize pouces de haut, sur dix-neuf de large. Ce Tableau est original; il est regardé comme étant de ce Maître.

Jean-François Grimaldi, dit *le Bolognese*.

189. Un Païsage, sur le devant duquel on voit deux Hommes & trois Chameaux; peint sur toile, de vingt-cinq pouces de haut, sur trente-quatre de large. Ce Tableau, dont l'originalité est certaine, est touché avec force: il y regne moins de secheresse que dans le plus grand nombre de ceux que l'on voit ordinairement de ce Maître.

Grimaldi a étudié dans l'Ecole des Caraches, dont il étoit coufin. Il naquit à Boulogne en 1606, il y mourut en 1680.

Céfare Gennari.

190. Une femme tenant une plume, repréfentant une Sybille; Figure grande comme nature, vue jufqu'aux genoux: Tableau peint fur toile, de trente-un pouces de haut, fur vingt-fept de large.

Cefare Gennari, Difciple du *Guerchin*, naquit à Boulogne en 1641, il mourut en 1688.

ECOLE VENITIENNE.

Giacomo da Ponte, ou *Jacques Baſſan.*

191. Susanne au Bain, furprife par les Vieillards; Tableau peint fur toile, de trente-deux pouces de haut, fur quarante-fept de large.

Les Tableaux de *Jacques Baſ-*

san, aussi véritables que celui-ci, ne sont pas faciles à trouver ; la touche, l'expression & le coloris que ce Maître possedoit éminemment, le mettent au rang des plus grands Peintres de l'École Vénitienne. Il naquit à Bassano en 1510, & il en prit le nom. Son Maître fut *Bon Venitiano*. Il mourut à Venise en 1592.

Lefevre, surnommé *de Venise*.

192. Un Païsage dans lequel Vénus est assise, & qu'un amour tient par la main ; il est peint sur toile, de douze pouces de haut, sur quinze de large. Ce Tableau est original & d'une bonne touche : on l'attribue à ce Maître.

On ignore le lieu de la naissance de ce Peintre, mais on sait qu'il a demeuré long-tems à Venise ainsi qu'à Paris, où il a été reçu à l'Académie Roïale de Peinture. Il est mort à Londres en l'année 1677, dans un âge très avancé.

Gasparo Diziani de Belluna.

193. La famille de Darius implorant la miséricorde d'Alexandre ; Tableau peint sur toile, de quarante-six pouces de haut, sur soixante-deux de large.

193. bis. Un Triomphe en l'honneur de Bacchus ; peint sur toile, de dix-neuf pouces de haut, sur vingt-huit de large.

M. Pittoni. (Jean-Baptiste)

194. Une Femme à demi-corps, lisant dans un livre, éclairée par une lampe attachée à un arbre. Ce Tableau, dont l'effet est très bon, tient beaucoup de la maniere de *Scalcken* ; il est peint sur bois, il a dix pouces six lignes de haut, sur sept de large.

ÉCOLES NAPOLITAINE ET GENOISE.

Luca Jordano, Surnommé *Fa Presto*.

*195. UN Bourreau tenant la Tête d'Holopherne, qu'il est au moment de mettre dans un sac, par ordre de Judith : ce Sujet est composé de cinq Figures, grandes comme nature, & vues jusqu'aux genoux. Ce Tableau, d'une touche hardie, & d'un coloris agréable, a quarante-neuf pouces de haut, sur soixante-un de large.

Jordano a eu pour Maître *Pietre de Cortone* & *Joseph Spagnolette*. Il naquit à Naples en 1626, & mourut à Madrid en 1694.

Valerio Castelli.

* 196. La Vierge tenant l'Enfant Jesus, à côté d'elle est Sainte Elisabeth ; ces Figures sont à mi-corps & peintes sur

toile, de trente-trois pouces de haut, sur trente-neuf de large.

Castelli fut Disciple de *Domenico Fiosella*, il étudia le Titien, & son coloris devint vigoureux. Ses Tableaux sont estimés ; il naquit à Genes en l'année 1625, & mourut en 1659.

ECOLE DES PAIS-BAS.

Jean Breughel, dit *de Velours*, & *Vanbale.*

*197. Un Païsage, sur le devant duquel sont des Fleurs, exécutées par *Breughel*. Vanbale y a peint plusieurs Enfans ; ce Sujet est emblématique. Ce Tableau est sur cuivre, de cinq pouces de haut, sur quatre de large.

Rollandt Savery.

* 198. Un Païsage, où l'on voit des rochers, & dans lequel Saint Jérôme est représenté dans la solitude ; ce

Tableau est enrichi de beaucoup d'animaux de différentes especes; il est peint sur toile, de trente-un pouces de haut, sur quarante six de large.

Rollandt Savery, Disciple de son pere *Jacques*, & *de Jean Boll*, naquit à Courtrai en 1576, & mourut à Utrecht en 1639.

Rembrandt Van-Rhein.

*199. Une Femme vue jusqu'aux genoux, caressant l'amour; Figure entiere, peinte sur toile, de quarante-cinq pouces de haut, sur trente-six de large. Ce Tableau original est regardé comme étant de ce Maître.

Jean Griffier.

200. Un joli Païsage qui représente une vue de Riviere, sur laquelle sont plusieurs bateaux & chaloupes chargées de marchandises; on voit plusieurs figures, sur les bateaux, & dans la campagne. Ce Tableau, dont la couleur est agréable, représente la nature dans son brillant; il est peint

sur toile, de dix pouces six lignes de haut, sur treize de large.

ECOLE ALLEMANDE.

Jean Lingelback.

*201. Une Campagne, dans laquelle on voit des Turcs à cheval : Tableau peint sur toile, de trente pouces de haut, sur trente-six de large.

Lingelback a étudié en Italie ; il naquit à Francfort en l'année 1625, il est mort à Amsterdam.

Jean-Heinrich Roos, surnommé Roos de Francfort.

*202. Deux Tableaux pendans, représentant des ruines d'Architecture avec des figures & des animaux ; l'un & l'autre sont peints sur toile ; ils ont vingt-sept pouces de haut, sur trente-quatre de large.

Jean Heinrick Roos naquit à

Otterberg en 1631. Ses parens le conduisirent en Hollande & le destinerent au metier d'Epinglier; mais voïant son inclination pour la Peinture, il fut placé chez *Kam du Jardin*, & ensuite chez *Adrien de Bie*. Aprés avoir acquis des talens, il voïagea & fit des Tableaux dans plusieurs Cours d'Allemagne, ensuite il résolut de faire le voïage de Rome, mais en arrivant à Francfort, il fit connoissance avec une fille, dont les charmes dérangerent son projet; il fit ses efforts pour continuer son voïage, mais l'amour le fit revenir sur ses pas. Il n'a point changé son premier genre, & a peint dans le goût de *Kam du Jardin*. Ses Desseins sont très estimés, & on les recherche avec soin. Le grand incendie, arrivé à Francfort en 1685, consuma plusieurs maisons, la sienne fut du nombre, & cet évenement lui causa la mort. Il laissa quatre fils qui tous ont été

Peintres. Le premier se nommoit *Philippe Roos*, surnommé Roos de Tivoli, le deuxieme *Theodore*, le troisieme, *Roos l'Anglois*, & le quatrieme, *Jean Melchior*.

Philippe Roos, surnommé *Roos de Tivoli*.

* 203. Deux Tableaux pendans, dans chacun desquels on voit une Figure & plusieurs animaux de différente espece : ils sont peints sur toile ; chacun de trente-six pouces de haut, sur quarante-huit de large.

Philippe Roos fils & Eleve de *Jean Heinrich*, naquit à Francfort en 1655, il fit le voïage d'Italie, où il épousa la fille d'*Hiacinte Brandi*, & s'établit à Tivoli, d'où il a pris sur son nom. Sa touche est facile & savante : il mourut à Rome en l'année 1705.

Jacques Roos, ou *Rosa*.

*204. Une vieille Femme, la main gauche appuïée sur un globe, tient de la droite un compas. Cette Figure est grande comme nature, elle est vue jusqu'aux genoux. Ce Tableau est peint sur toile, de quarante-trois pouces de haut, sur trente-six de large.

ECOLE FRANÇOISE.

Simon Vouët.

205. Loth & ses Filles; Tableau peint sur toile, de trente-sept pouces de haut, sur trente de large.

Vouët, recommandable par ses talens, est encore célebre par les grands Artistes qui sont sortis de son Ecole : il naquit à Paris en l'année 1582, il mourut le 5 de Juin 1641.

Jacques Blanchard.

206. Danaé dormant, un Amour supporte un rideau, & semble vouloir

favoriser Jupiter, dont la présence se manifeste par une pluie d'or qu'une femme reçoit dans son tablier. Ce Tableau est très vigoureux de couleur, & d'une agréable composition ; il porte trois pieds de haut, sur quatre de large.

Blanchard naquit à Paris le premier jour d'Octobre de l'an 1600 ; il fut Eleve de *Nicolas Bollerie* son oncle maternel, il mourut en l'année 1638.

Claude Gelée, dit *le Lorrain.*

207. Un Païsage sur le devant duquel est une prairie, où l'on voit des vaches & autres animaux ; un Berger est assis près de deux Bergeres, dont une lui présente un bouquet : on voit dans l'éloignement des montagnes, au bas desquelles serpente une Riviere. Ce Tableau est peint sur toile, de vingt-un pouces de haut, sur vingt-huit de large.

On sait que les Païsages de *Claude le Lorrain* sont des chefs-d'œuvres de l'Art, par rapport à la vapeur de l'air, que ce Peintre qui voïoit bien la nature, & qui l'étudioit sans cesse, rendoit avec la derniere vérité.

Sébastien Bourdon.

208. Les Israélites adorant le Veau d'or, & Moïse se disposant à briser les Tables de la Loi. La composition est riche, le dessein est svelte. Ce Tableau est peint sur toile, de trente pouces de haut, sur trente-sept de large.

Bourdon a été un Peintre excellent, il a fait des Tableaux d'Histoire d'une belle ordonnance, d'une touche franche & legere, d'un ton de couleur doré & quelquefois argentin ; ces derniers sont d'autant plus de plaisir aux Amateurs, qu'ils sont plus rares. Ses Païsages ont aussi beaucoup de mérite, mais leurs compositions sont si peu fondées sur la nature, que, généralement parlant, ils sont moins recherchés. Il semble que cet Artiste se contentoit difficilement ; car il a souvent changé de manieres & de coloris. Il a fait des Tableaux faciles à prendre pour être de *Bamboche*, *de Jean Micle*, ou de Maîtres fort opposés, selon l'idée dont il étoit occupé. Il naquit à Montpellier en 1602. On ignore le Maître sous lequel il a étudié les principes de l'Art, mais on sait qu'il s'est formé en Italie, qu'il a été Recteur de l'Académie Royale de Paris, & qu'il mourut dans cette Ville en 1671.

Laurent de la Hire.

209. Un sujet de l'Histoire Romaine ; Tableau peint sur toile, de cinquante-neuf pouces de haut ; sur quarante-huit de large. Ce Tableau est du bon tems de ce Maître.

La Hire naquit à Paris en l'année 1606 ; il fut Eleve de son Pere, & s'attacha beaucoup à l'étude de l'antique. La propreté avec laquelle il employoit ses couleurs a conservé ses Tableaux ; il peignoit très bien l'Architecture, le Païsage, & les Animaux, & ces talens enrichissent ordinairement ses Tableaux.

Focus.

210. Un Païsage qui représente un Orage ; la foudre tombe sur une montagne ; & sur le devant du Tableau, on voit deux hommes effraïés, un desquels est renversé de cheval. Ce Tableau est peint sur toile, de vingt-sept pouces de haut, sur trente-quatre de large.

On prétend que *Focus* est Disciple du *Gaspre* ; je le crois plutôt son Contemporain : ce qu'il y a de constant, c'est qu'on a souvent confondu leurs Ouvrages. Les Figures de ce Tableau sont

ECOLE FRANÇOISE. 139
peintes dans le goût du *Poussin*. Focus vivoit encore en l'année 1673.

Joseph Parossel.

* 211. Un Tableau représentant une bataille ; peint sur toile, de douze pouces de haut, sur seize de large.

Joseph Parossel naquit à Brignolles en 1648 ; il est mort à Paris en 1704. Voyez le Catalogue raisonné du Chevalier de la Roque, par *Gersaint*, page 33.

Martin, le Pere.

212. Louis XIV, faisant la revue de sa Cavalerie ; on voit dans l'éloignement les remparts d'une Ville fortifiée. Ce Tableau réunit tant de beauté, qu'on l'attribue à Vandermeulen ; il est clair & bien touché, sa composition est fort riche. Il est peint sur toile, de trente-sept pouces de haut, sur quarante-huit de large.

Hérault, le Pere.

213. Un Païsage dans lequel est représenté Sainte Genevieve gardant ses moutons. Ce Tableau, qui est du meilleur tems de ce Maître, est peint sur toile, de quarante-huit pouces de haut, sur soixante de large.

ESTAMPES.

ECOLE D'ITALIE.

214. Six Estampes d'après *Raphael*, dont l'Ecole d'Athenes & la Dispute du S. Sacrement, toutes deux gravées par Hieronimus Cock.

215. L'Adoration des Bergers, d'après *Raphael*, gravée par Franceschi; & la même composition par Corneille Bloemaert : elles sont toutes deux belles Epreuves.

216. Le Massacre des Innocens, & le Jugement de Pâris, d'après *Raphael*, par Marc Antoine : ces deux Estampes sont bonnes Epreuves.

217. La Galatée, d'après *Raphael*, aussi gravée par Marc Antoine.

218. Six belles Estampes de *Jules Bonazone*.

219. Les Prophêtes & les Sybilles, en six Pieces, d'après *Michel-Ange*, par

Georges Mantouan; Saint Jérôme, & l'Adoration des Bergers, d'après *Polidor*, par Sadeler.

220. L'Annonciation, & Saint François, grandes Pieces en hauteur, toutes deux gravées par le *Baroche*.

221. Neuf Estampes, d'après *Corrége*, *Baroche* & *Titien*.

222. Quatre Portraits, dont celui du *Giorgion*.

223. Huit Païsages du *Mutien*, dont six gravés par Corneille Cort.

224. Le grand Crucifiment du *Tintoret*, en trois Pieces, gravé par Augustin Carache ; ancienne Epreuve bien conservée.

225. Saint Jérôme, aussi d'après le *Tintoret*, par Augustin Carache, belle Epreuve.

226. Dix-huit Estampes, dont neuf gravées par le *Parmezan* ; les neuf autres sont d'après lui, dont six en clair-obscurs.

227. Les Métamorphoses de *Tempeste*, en 150 pieces, belles Epreuves.

228. La Bible de *Tempeste*, en 219 Pieces ; Epreuves avant l'Edition.

229. Vingt-deux Estampes ; savoir, deux Saintes Familles, & un Saint Jérôme, beau d'Epreuve, toutes trois

ECOLE D'ITALIE. 143

gravées par *Annibal Carache*; & dix-neuf Eaux-fortes du *Guide*, dont l'Aumône d'après *Annibal Carache*.

230. Cinq Estampes d'après *Annibal Carache*; la Chûte des Géans, gravée en en bois par Cariolan d'après le *Guide*; deux *Albane*, trois Dominiquains, dont Adam & Eve, gravées par Baudet: en tout onze Estampes.

231. Quatre Estampes représentant l'Histoire de Vénus, gravées par Beaudet, d'après l'*Albane*: belles Epreuves.

232. Trois Estampes, de *Paul Veronese*, dont le Martyre de Sainte Justine, en deux feuilles, gravées par Augustin Carache.

233. Mercure & les Graces, la Paix & l'Abondance, d'après le *Tintoret*; & le petit Comédien: ces trois Estampes sont gravées par Augustin Carache: elles sont belles Epreuves.

234. Trente-six Estampes gravées par *Pietre Teste*, & deux d'après ce Maître.

235. La Mort de la Vierge, d'après le *Guerchin*, gravée par Bloemaert; très belle Epreuve; & trois autres par *Pasqualinus*.

236. Treize Estampes, dont le Frappement du Rocher, d'après *Cyrosere*.

237. Vingt-deux Estampes, dont plu-

sieurs intéressantes, de *Pietre de Cortonne* & *Cyrofere*. Elles sont toutes gravées par Bloemaert.

238. Vingt-deux Estampes gravées par *Benedette Castiglione*, dont la Mélancolie, & les deux sujets de Satyres : toutes anciennes Epreuves.

239. Trente-huit Estampes, d'après *Lanfranc* ; savoir, les douze Apôtres, gravés par F. de Louvemont ; quatre Angles par Roullet ; la Couppole de Saint André à Rome, en huit Pieces, par Carlo Cesius ; & seize morceaux des Loges du Vatican, par *Pietro Santi Bartoli*. Cette suite n'est pas complette : toutes ces Estampes sont belles Epreuves.

240. Dix Eaux-fortes de *Carle Maratte*, dont la Samaritaine, d'après Annibal Carache.

241. Le Jardin des Hespérides, en 11 Pieces, gravées d'après *Pietre de Cortonne*, *Carle Maratte*, & autres Maîtres.

RECUEIL DE LA BELLE.

242. Le Reposoir, premiere Epreuve ; & la Vue du Pont-neuf.

243. Le petit Livre à dessiner ; le Ballet des Indiens & des Perroquets ; celui des Singes, des Ours & des Autruches,

truches, en dix-neuf Pieces, compris le Titre.

244. Le Portrait de la Belle, gravé par Hollard; celui de Ferdinand II.; le Cours de la Loire; le Titre de Scaron, & cinq Titres rares, qui sont, *Il Mercurio di D. Vittorio Siri; il Nino figlio, Tragedia; Feste Theatrali, par la finta Pazza, Drama Del Sign. Guilio Strozzi &c. il Cosmo overo l'Italia trionfante*: en tout neuf Estampes.

245. *Diversi Animali fatti*, en vingt-quatre Pieces: les Tigres, Chevaux, & Eléphans, en cinq Pieces, à cause d'une qui se trouve avant les noms de la Belle & de Pierre Mariette. *Diversi Capricii*, en vingt-quatre Pieces: le Branle de la Mort, en cinq Pieces; & le Triomphe, Piece peu commune: toutes belles Epreuves.

246. Desseins de quelques Conduites de Troupes, Canons, & Attaques de Villes, dédiées à M. de la Roche-Guyon, en douze Pieces; Epreuves parfaites. Divers Exercices de Cavalerie, dédiés à Monsieur Destissac, en douze Pieces. Recueil de diverses Pieces, très nécessaire à la Fortification, en seize Pieces: en tout quarante Estampes.

146 ESTAMPES.

LA BELLE. 247. *Entrata in Roma del l'Eccel.^{mo}. Ambasciatore di Pollonia, l'anno M. D C. XXXIII.* en six feuilles, anciennes Epreuves. La Pompe funèbre de l'Empereur Ferdinand II, en quatre Pieces.

248. *Ornament di Fregi Figliani*, en seize Pieces, premiere Epreuve avant le nom de Langlois. *Ornament o Grottesche*, en sept Pieces, par rapport au Titre qui est double avant l'écriture; autre suite de six, qui se joint toujours avec la précedente. *Raccolta di Vasi diversi*, en six feuilles; Frises, Feuillages, & Grotesques, en huit Pieces, dont six avant les chiffres : en tout quarante-trois Estampes.

249. Une suite de douze Païsages, de forme ronde, qui ont pour Titre : *Ecellentissimo ac Nobilissimo D. Anthonio Le Charon, Baroni de Dormelles, &c.* Neuf, de même forme, du Cabinet du Grand Duc. Les Maures, en quatre Pieces. Diverses Figures & Païsages, en huit Pieces avant les chiffres. Agréable diversité de Figures, A. M. Artus Gouffier, Marquis de Boisy, en treize Pieces. La Vue du Pont-neuf, &

celle de la Place Royale, qui dépendent de cette Suite, font avant l'écriture qui se voit ordinairement au haut de la Planche. Les quatre Elémens : en tout quarante-six Pieces.

250. *Varii Capricii Militari*, en six Pieces. Divers Embarquemens, en huit Pieces, compris le Titre. Une Suite de Vues, dédiée au *Sig. Tomaso Guidoni*, en huit Pieces. *Varie Figure*, en huit Pieces. Une Suite de Caprices, en treize Pieces, compris le Titre : toutes anciennes Epreuves.

251. Les six grands Païsages en hauteur; les Vues de Livourne, en six Pieces, & le Château Saint-Ange.

252. Les Païsages maritimes, en sept Pieces, compris le Titre. Une suite de douze Païsages : les facétieuses Inventions d'amour, & de guerre, en douze Pieces, compris le Titre : les quatre Saisons : la Clotilde : une Fête, d'après la Belle, gravée par *Lucini*, & une suite de douze Cartouches. En tout quarante-huit Estampes; anciennes Epreuves.

253. Sept Pieces de Décorations de Théâtre, d'après Alphonse Parigi; bonnes Epreuves avant d'être retouchées. Quatre feuilles, dont trois de

Blason, & la Carte du Royaume des Cieux, d'après la Belle, par Cochin.

ECOLE DES PAIS-BAS.

254. Soixante-neuf Estampes d'*Albert Durer*; savoir, 18 gravées au burin, dont Adam & Eve, piece rare. Le S. Hubert, la Mélancolie & la Pandore: parfaites Epreuves. Les 50 autres sont gravées en bois, dont plusieurs peu communes. Le Calvaire, grande Piece en hauteur, gravé par Matham.

255. Quatre-vingt-seize Estampes de *Lucas de Leyde*, dont l'Adoration des Rois.

256-257. Deux cens quatre-vingt-quinze Estampes, de *George Pens*, *Hisbens*, & autres petits Maîtres; plusieurs sont rares, intéressantes, & très belles Epreuves.

258. *Sacra Eremus Ascetarum*; & *sacra Eremus Ascetriarum*, en cinquante feuilles, toutes d'après *Bloemaert*, par A. Bolsverd: anciennes Epreuves.

259. L'Adoration des Bergers, gravée par Saenredam, d'après *Abraham Bloemaert*, Piece recommandable de ce Maître.

260. Tableaux des Vertus & des Vices, tirés sur les Desseins des plus illustres Fables de l'Antiquité gravées par Bloemaert, & autres, d'après *Brebiette*: belles Epreuves.

261. Adam & Eve, Angélique & Médor, gravés d'après *Corneille Harlem*, par Saenredam. Ces deux Estampes, qui sont les plus capitales de ce Maître, sont belles Epreuves.

262. Quatre Estampes de *Sadeler*, qui sont le Prince Bathori, *Marquardus Freherus*, le Prince Matthias & sa Femme, avant le nom de Marco Sadeler: toutes peu communes.

263. Soixante-deux Estampes de *Crispin de Pas*; savoir, les Apôtres, en quatorze Pieces; les quatre Evangélistes; le mauvais Riche, d'après de Vos, le Roman de Daphnis & Cloé, en cinq Pieces, compris deux Titres avec différence : cette Suite n'est pas commune. Trente - quatre Pieces de divers sujets très intéressans, & les quatre Saisons, parfaites Epreuves.

264. Un petit Recueil d'Estampes de *Théodore de Bry*, contenant, les Emblêmes, en cinquante-quatre Pieces compris le Titre; la petite Foire, d'après Holbeins; six Frises; la Fontaine

de Jouvence; le Bal Vénitien; l'Age d'Or, le Bain de Diane, un Portrait; & cinq Pieces, dont le Triomphe de l'Eglise: en tout soixante-dix Estampes.

265. Neuf Portraits, de *Henri Goltzius*, dont Mademoiselle d'Egmont, & un Mathématicien rare.

266. Vingt-sept Estampes, tant de *Goltzius*, que d'après lui: belles Epreuves.

267. L'Annonciation, la Visitation, l'Adoration des Bergers, la Circoncision, l'Adoration des Rois, & un Repos: en tout six Estampes en hauteur gravées par *Goltzius*.

268. L'Œuvre de *Kam du Jardin*, en cinquante-deux Pieces: anciennes Epreuves.

269. L'Œuvre de *Goudt*, Comte Palatin, en sept Pieces, toutes d'après Adam Elsheimer: les Epreuves sont anciennes & de la premiere beauté.

270. Un Missel en huit Pieces, parfaites Epreuves avant l'Edition; *St. Erpho*; le Lievre, d'après Pecter Boel, ancienne Epreuve. Les Papillons, en treize Pieces, Epreuves sur papier de soie. Les Insectes, en huit Pieces. Les Charges de Leonard de Vinci, en quatorze Pieces. Cinquante-cinq Portraits, Sujets, Païsages, Vues & Ma-

ÉCOLE DES PAÏS-BAS. 151

fines, dont un grand Païsage, d'après Breughel, & un d'après Teniers, tous deux peu communs : en tout cent Estampes gravées par *Hollart*.

271. Sept Batailles ; grandes Pieces en travers, composées & gravées par *Willieme-Baur* : belles Epreuves. Ces Estampes ne se trouvent pas facilement.

272. La Paix de Munster, d'après *Terburch*, par Snyderoef : ancienne & premiere Epreuve. Cette Estampe est très capitale.

273. Vingt-quatre Estampes de *Rembrandt*, dont Adam & Eve ; l'Annonciation aux Bergers, & la Mort de la Vierge : très belles Epreuves.

274. Dix Estampes de *Rubens*, dont la Chasse au Loup, celle aux Tigres, & celle aux deux Lions, qui est des plus rares.

275. Le Roi boit, Piece capitale, d'après *Jordaens* : ancienne Epreuve bien conservée.

276. Onze Estampes, d'après *Seghers*, *Schut* & *Diepenbeke*.

277. Les Comtes & Comtesses de *Vandick*, en douze Pieces, gravées par P. Lombart : anciennes Epreuves.

278. La grande Chasse au Cerf ; celle

à l'Oiseau ; le grand Marché aux Chevaux, & le Quartier général de l'Armée Hollandoise, gravées par Moyreau, d'après *Wouvermens* : anciennes Epreuves.

279. La Chasse à l'Italienne, le Pot au lait, le Départ de Chasse, la Halte d'Officiers, & le Sanglier forcé, gravées par le Bas ; les Adieux par Laurent, toutes d'après *Wouvermens* ; & le Retour de Campagne, d'après *Vanfalens*, par Filloeul : en tout sept Estampes.

280. La Vue du Pont-neuf, en trois feuilles, d'après *Vandermeulen*, par Huchtenburgh : ancienne Epreuve ; Piece capitale.

281. Deux Portraits gravés par *Snyderhoef*, dont un avant la Lettre ; l'autre est le Portrait de Goltzius : ancienne Epreuve.

282. La Noce de Village, dédiée au Prince de Cumberland, gravée par Major, d'après *Teniers* ; premiere Epreuve.

283. Six Estampes de Wischer, qui sont les Portraits de Bouma, *Joannes Bolensz, Robertus Junius*, & Alexandre VII, un Négre tenant un arc, & la Bohémienne.

284. La Madeleine à la Lampe, par *Smith*: ancienne Epreuve.

ECOLE FRANÇOISE.
Estampes de Callot.

285. Le Portrait de Callot; *Varie Figure* en 16 Pieces; les quatre Bohémiens; les Fantaisies, avant les Chiffres, en treize Pieces; le Combat à la Barriere, en dix Pieces; & la Noblesse, en onze Pieces.

286. Les grandes miseres de la Guerre, en dix-huit Pieces; les petites, en sept Pieces, & le petit Bataillon : anciennes Epreuves.

287. Les sept Péchés Capitaux; les deux Frappemens du Rocher, & les deux Massacres des Innocens, avec différences; les Martyrs du Japon; la Vie de l'Enfant prodigue, en onze Pieces; *Vita & Historia beatæ Mariæ Virginis Matris Dei*, en quatorze Pieces, & avant les Chiffres.

288. Les trois grands Siéges, qui sont l'Isle de Ré, la Rochelle & Breda : belles Epreuves.

Estampes de Sébastien Leclerc.

289. Les Caracteres des passions, d'après le Brun, en dix-huit Pieces; trente Pieces du Livre d'Académie; neuf Pieces d'Architecture, dont une du Pereau; les Modes, en vingt Pieces; les divers Habillemens des anciens Grecs & Romains, en vingt-cinq Pieces; Clie, Calliope, Uranie & Polymnie: en tout cent six Estampes.

290. Les divers Etats de la Vie humaine, en vingt-une Pieces; la Cléopatre en onze Pieces; sept Pieces d'Astronomie; la Destruction de Lustucru; les deux Plafonds de Stokolme; la Copie de la Vénus sur les eaux; la Thèse de Pharmacie, & celle de Médecine, gravées par Duflos: en tout quarante-cinq Estampes.

291. La *Jerusalem délivrée*, en vingt-deux Pieces, y compris le Portrait du Tasse; *Aminta favola*, en sept Pieces; *Pastor fido*, en sept Pieces; *l'Adone del Marino*, en vingt-une Pieces; *Filli di Sciro*, en sept Pieces: belles Epreuves.

292. La Gallerie de l'Hôtel Royal des

ECOLE FRANÇOISE. 155

Gobelins ; les Batailles d'Alexandre, en cinq Pieces; l'Entrée d'Alexandre dans Babylone, & l'Académie des Sciences ; cette derniere est avant l'ombre qui se trouve ordinairement sous la regle : toutes ces Estampes sont belles d'Epreuves.

LE CLERC.

293. Les deux Apothéoses d'Isis, dont celle avec les Danseurs.

294. Deux Mai des Gobelins avec différence ; la Pierre du Louvre, & l'Arc de triomphe de la Porte Saint Antoine.

295. Le Mariage du Duc de Bourgogne, avant l'écriture ; l'Histoire de Psiché, en quatre Pieces ; la Vignette de Tivoli ; quatre Vignettes ; une Conversation ; & le *Parvulus* avec le grand Enfant, sans écriture, rare.

296. La Passion de Jesus-Christ, avant les bordures, en trente-six pieces, rare. La vie de Saint Benoit, aussi avant les bordures en trente-deux pieces ; l'Histoire des Antilles en six pieces.

297. Les Monnoies, en deux cens six pieces.

298. Les deux Hester, d'après le Brun, avec différence. Les Ambassadeurs de Siam ; la démolition du Temple de

Charenton, & six petites Conquêtes.
299. Les Saints de l'année.

Nicolas Poussin.

300. Le Crucifiment , & le frappement du Rocher , gravé par Claudia Stella, anciennes épreuves.
301. Les sept Sacremens , gravés par Pesne ; premieres épreuves, avant le nom d'Audran , rares.
302. Neuf Estampes, qui sont, Pirrhus en deux feuilles ; le Baptême de Notre Seigneur, aussi en deux feuilles ; & les sept Sacremens , gravés par Audran.
303. Cinq Estampes , dont Moïse enfant , Moïse au bord du Nil , toutes deux par Claudia Stella. Le Tems qui enleve la Vérité , par Gerard Audrand ; & le Triomphe d'Amphytrite, par Pesne.

Charles le Brun.

304. Les grandes Batailles d'Alexandre, en cinq pieces, bonnes épreuves, gravées par G. Audrand & Edelinck ; elles sont en feuilles, sans être assemblées.

ECOLE FRANÇOISE. 157

305. La Franche-Comté conquife pour la deuxieme fois en 1674, par Simonneau, ancienne épreuve.

306. Le Plafond de la Chappelle de Seaux en cinq pieces, & celui de l'Aurore en quatre pieces, par Audran. Le Plafond du Séminaire de Saint Sulpice en trois pieces, y compris la Dédicace, gravé par Simonneau, parfaites épreuves.

307. Les Plafonds du grand Efcalier de Verfailles, en fept pieces, compris l'explication, gravés par Audran, premieres épreuves. La chute des Anges; le Maffacre des Innocens, par Loir; & le Martyre de Saint Etienne, par Simonneau.

308. Neuf belles & grandes Eftampes d'après *Antoine & Charles Coypel*, & une d'après *Silveftre*.

309. Le *Quos ego*, d'après *Coypel*, par Picart, avec trois autres pieces, toutes quatre faifant partie de la Gallerie du Palais Roïal, & le Plafond de la voute de la petite Gallerie de Verfailles, en trois feuilles, gravées par Gerard Audran, d'après *Mignard*.

310. Deux Portemens de Croix, celui d'après *Mignard*, par Audran, & celui d'après *Antoine Dieu*. Un beau

Crucifix, en deux feuilles, par *Poilly*, toutes premieres épreuves.

311. Un Christ, en deux feuilles, par *Poilly*, parfaite épreuve avant le nom. L'Adoration des Bergers d'après *Mignard*, aussi par Poilly. Cette Estampe est très recommandable.

312. La These de *le Moine*, gravée par Cars, premiere épreuve. Le Triomphe d'Amphytrite, & celui de Bacchus, d'après Natoire.

313. Huit Estampes de Bernard Picart, dont le Massacre des Innocens, premiere épreuve.

314. Le Saint Pierre Nolasque, inventé & gravé par Mellan. Cette Estampe est la plus prétieuse de ce Maître, outre sa rareté.

315. Le Portrait du Duc de Villars, premiere épreuve. Celui de Dufay, Capitaine aux Gardes, & de Madame la Duchesse d'Orleans; tous d'après *Hiacinte Rigaud*, gravés par Drevet; cet article est intéressant.

316. Un Recueil de vingt-quatre Portraits, de *Nanteuil*, tous de choix & beaux d'épreuves; dont entr'autres l'Avocat de Hollande avant l'Ecriture, très rare; Jean Loret, Marin, la Duchesse de Savoie, & le Prince de Turenne.

ÉCOLE FRANÇOISE. 159

317. Trente beaux Portraits, de différens Maîtres.

318. Onze Estampes de choix, inventées & gravées, par *J. Rigaud*, dont huit vues des Jardins d'Angleterre, rares : toutes épreuves parfaites.

319. Cinq Estampes de *Boucher*, dont la Thèse gravée par L. Cars.

320. Sept grandes Estampes de Fêtes & Mausolées, dont cinq gravées par M. *Cochin* le fils.

321. Le Dom Quichotte en vingt-trois pieces, gravées d'après *Coypel*, par Surugue, Cochin & autres, anciennes épreuves.

322. Quatorze Estampes d'après *Desportes*, *Boucher*, & *Vanloo*.

323. Trois Monumens, l'un érigé dans la Ville de Lyon, de la composition de *Desjardins*, gravé par B. & J. Audran. Celui de Rênes, & celui que la Ville de Paris a fait dresser dans son Hôtel, le 30 Janvier 1687.

324. Vingt-neuf Portraits de Peintres, Sculpteurs & Graveurs du Roi, avec le frontispice.

325. Disposition de la premiere Bataille d'Hochstet, celle de l'armée du Roi commandée par M. le Marquis de Villars, la Bataille de Fride-

lingue ; toutes trois d'après *P. D. Martin*, gravées par Hauſſard, & une quatrieme de *Martin le jeune*, avec une Inscription Allemande, gravée par Nicolas Larmeſſin.

326. Trois cens trente-huit Eſtampes, gravées par M. le *Comte de Caylus*, d'après différens Maîtres, dont la plus grande partie ſont d'après les deſſeins du Cabinet du Roi.

LIVRES D'ESTAMPES.

327. Recueil de plusieurs Traités de Mathématique de l'Académie Royale des Sciences : contenant la résolution des quatre principaux Problêmes d'Architecture, par M. *Blondel* ; la mesure de la Terre, par M. *Picard*, avec des Vignettes de *le Clerc*, très belles Epreuves ; le Traité de la Percussion du choc des Corps ; la nouvelle Découverte touchant la Vue ; le Traité du Nivellement, par M. *Mariotte*, & celui des Triangles Rectangles, par M. *Frenicle*, de l'Imprimerie Royale, grand papier, volume *in-fol.* maroquin.

328. Les Courses de Têtes & de Bagues, faites par le Roi Louis XIV, & par les Princes & Seigneurs de sa Cour : de l'Imprimerie Roïale, vol. in fol. maroquin.

329. Les Statues des Maisons Roïales, en soixante pieces, par *Mellan & Beaudet* ; anciennes épreuves, reliées en veau.

330. Les Plans, Elévations, & les Peintures du grand escalier du Château de Versailles, en vingt-quatre pieces, d'après le Brun, & une suite de Fontaines & Frises Maritimes, gravées aussi d'après le Brun, en vingt-neuf pieces, reliées en un vol. in fol.

331. La Grotte de Versailles, premieres épreuves, avec le discours : de l'Imprim. R. relié en veau.

332. Le Labyrinte de Versailles avec figures de *le Clerc*, belles épreuves, édition de M. DC. LXXIV. de l'Imp. R. vol. in fol. mar. doré sur tr.

333. Une suite de vingt-cinq Estampes d'après *Rubens*, connu sous le nom de la Gallerie de Luxembourg, anciennes épreuves. vol. in fol. veau.

334. Les Travaux d'Ulysse, peints par *Nicolo*, gravés par Van Tulden, rel. en veau.

335. La Gallerie des Femmes fortes, par *Pierre le Moine* de la Compagnie de Jesus, enrichie de figures gravées d'après Vignon. rel. en veau.

336. L'Histoire Sacrée, de *Brianville*; les Estampes sont gravées par *le Clerc*, épreuves parfaites. 3 vol. in 12. édit. de M. DC. LXXI.

337. Un volume de diverses Vues &

Antiquités Romaines. vol. in fol. v.

338. *Admiranda Romanorum, ac veteris Sculptura*, &c. par *Petro Sancti Bartolo*, anciennes épreuves, vol. in fol. oblong.

339. *Colonna Trajanna*, par *P. S. Bartolo*, anciennes épreuves. vol. obl. rel. en v.

340. *Opera del Caval. Francesco Boromino*; bien conditionné. rel. en veau.

341. *Galeria nel Palazzo Farnese in Roma, del Sereniss. Duca di Parma*, par *Carlo Cesio*. rel. en veau.

342. Les Hommes Illustres de *Perrault*, en deux vol. édit. de M. DC. XCVI.

343. L'Œuvre de *Juste Aurele Meissonier*, Peintre, Sculpteur, & Dessinateur de la Chambe & Cabinet du Roi, en cent dix-huit Estampes, premieres épreuves. rel. en veau.

Cette suite est très intéressante & utile, tant aux Artistes qu'aux Amateurs.

344. Un volume d'Estampes de *Berain*, contenant Ornemens, Grilles, Desseins de cheminées, Modes & Catafalques, anciennes épreuves. in fol. veau.

345. Les Plantes de *Surinam*, en soixante-seize feuilles, y compris le ti-

tre & la table des noms & couleurs desdites Plantes. vol. in fol.

346. Le Cabinet de l'Archiduc Léopold, gravé d'après différens Maîtres Italiens, sous la conduite & d'après les Desseins de *David Tenieres*; édit. de M. DC. LX. vol. in fol. v.

347. Pompe funébre du Prince Albert, Archiduc d'Autriche, &c. dessinée par *Jacques Franquart*, & gravée par Corneille Galle, avec une dissertation historique & morale d'*Erice Puteanus.* Bruxelles 1729. vol. rel. en veau.

348. Les Triomphes de Louis le Juste, par *Jean Valdor*; les Estampes gravées par *la Belle*, qui se trouvent ordinairement dans ce volume, sont dans celui-ci belles épreuves.

349. *Theatrum universale omnium Animalium*, par Henrici Ruysch, en 2 vol. veau. Les Estampes sont des premieres épreuves.

350. Les Fêtes données par la Ville de Paris, à l'occasion du Mariage de Madame Louise-Elisabeth de France. vol. in fol. veau doré sur tranche.

351. La Carte générale de la Monarchie Françoise, contenant l'Histoire Militaire depuis Clovis, jusqu'à la quin-

zieme année accomplie du regne de Louis XV, par M. *le Mau de la Jaiſſe*, vol. in fol. veau.

352. Traité des Fortifications, seconde partie, de l'Attaque & Défenses des Places, où l'on explique tout ce qui s'est pratiqué de nouveau dans les Sieges, jusqu'en l'année 1714, mis au net par le sieur *Darmancourt*, Maître de Mathématiques & Fortifications. *Manuscrit* enrichi de trente-deux Desseins faits à la plume, & lavés en couleur très parfaitement.

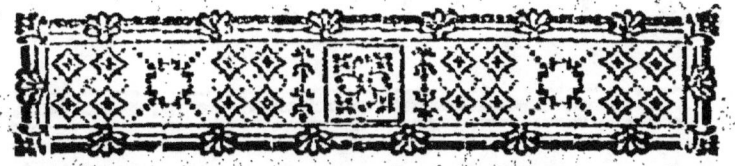

CATALOGUE

DE TABLEAUX,

DESSEINS ET ESTAMPES,

APRÈS DÉCÈS.

TABLEAUX.

ECOLE ROMAINE.

Pierre-François Molla, dit *le Molle*.

353. Un Païsage, dans lequel est représenté S. Jérôme en méditation : peint sur toile, de soixante-trois pouces de haut, sur quarante-quatre de large. Ce Tableau est touché d'art ; il est du bon tems de ce Maître.

ECOLE DE PARME.

Barthelemi Schiedon.

354. La Vierge, tenant l'Enfant Jesus, accompagnée de S. Jean, & de S. Joseph : le fond est un Païsage, vue de nuit. Ce Tableau est attribué à *Schiedon* ; il est peint sur toile, de dix-sept pouces de haut, sur vingt-un de large.

ECOLE VENITIENNE.

Leandro da Ponte, ou *Léandre Bassan.*

355. Un Sujet de fantaisie, composé de six Figures : deux Femmes travaillent à la Toile pendant qu'une est occupée à filer ; dans l'éloignement est représenté Notre Seigneur au Jardin des Oliviers : ce Sujet est éclairé à la lumiere. Ce Tableau est bien touché,

touché, il porte trente-quatre pouces neuf lignes de haut, sur quarante-cinq pouces six lignes de large.

Louis Baſſan.

* 356. Un Tableau où l'on voit sur le premier plan six Figures très gracieuses; le fond est un Païsage dans lequel on apperçoit plusieurs personnes, dont quelques-unes sont occupées à batire du bled. Ce Tableau est très clair & agréable; il est peint sur toile, de trente-quatre pouces de haut, sur quarante-huit de large.

* 357. Un Tableau enrichi de figures, Fruits, Légumes, Poissons, & Ustensiles de Cuisine; le fond représente une boutique: il porte trente-quatre pouces six lignes de haut, sur quarante-six de large.

* 358. Un Tableau attribué à un des Baſſan, peint sur toile, de trente pouces de haut, sur trente-huit de large.

* 359. Deux Tableaux pendans, qui paroiſſent avoir été faits dans l'Ecole du Baſſan, il y en a un qui représente un sujet champêtre. Ils ont chacun trente-cinq pouces de haut, sur cinquante de large.

H

* 360. Deux Tableaux pendans d'après Baſſan, chacun de trente-cinq pouces de haut, ſur quarante-ſept de large.

* 361. Le Repas du mauvais Riche, copié d'après Baſſan; Tableau peint ſur toile, de trente-quatre pouces de haut, ſur quarante de large.

Paul Véroneſe.

362. La Vierge au Temple: Tableau compoſé de ſept Figures; peint ſur une toile, de trente-ſept pouces de haut, ſur cinquante-cinq de large. Ce Tableau eſt une copie faite par un habile Artiſte.

Angelo Treviſani.

363. Deux Tableaux pendans, dont un repréſente le Frappement du Rocher, l'autre Judith, montrant au peuple la tête d'Holopherne. Ils ſont peints ſur toile, de vingt-ſix pouces de haut, ſur trente-ſix de large. Ces deux Tableaux ſont clairs & agréables.

364. Deux autres pendans du même Maître; l'un repréſente les filles de Jétro, & l'autre Noé, offrant un Sa-

crifice. Ils sont de même grandeur que les précédens.

* 365. Un autre Tableau, aussi du même Maître, représentant Noé & sa Famille, offrant un Sacrifice à Dieu; il est peint sur toile, de quarante pouces de haut, sur cinquant-neuf de large.

ECOLES NAPOLITAINE,
Genoise et Espagnole.

Joseph de Ribera, dit l'Espagnolet.

* 366. Saint André, Figure grande comme nature, vû de face jusqu'aux genoux; dans le haut du Tableau sont quatre Têtes de Chérubins. Il est peint sur toile, de quarante-six pouces & demi de haut, sur trente-six de large. Ce Tableau est très savant, il est du meilleur tems de ce Maître.

367. Un Homme tenant un livre, vû de face jusqu'aux genoux; peint sur toile, de quatre pieds de haut, sur trois de large.

* 368. Saint Jérôme; Tableau peint sur

toile, de quarante-quatre pouces sept lignes de haut, sur trente-sept pouces six lignes de large.

Ribera fut Disciple de François *Ribalta*; il naquit à Valence en l'année 1589, & mourut à Naples en 1656.

Valerio Castelli.

* 369. La Vierge, l'Enfant Jesus & Saint Jean; peint sur toile, de trente-six pouces de haut, sur vingt-sept de large; l'on croit que ce Tableau est peint par ce Maître.

Dom Diegue Velasquez de Silva.

370. Saint Jean prêchant dans le desert, une multitude de peuples sont attentifs à l'écouter. Ce Tableau est d'une touche ferme, les caracteres des têtes sont expressifs, le dessein en est svelte. Il est peint sur toile, de vingt-un pouces de haut, sur trente six de large.

* 371. L'Infant d'Espagne à cheval, tenant un bâton de Commandant; Ta-

bleau peint sur toile, de trente-sept pouces de haut, sur trente de large.

* 372. Un Divertissement Vénitien ; Tableau d'une riche composition, & d'un bon coloris ; peint sur toile, de cinquante-quatre pouces de haut, sur soixante-quinze de large.

* 373. Le Repas chez le Pharisien ; les Figures sont au nombre de dix-huit. Ce Tableau, qui est peint sur toile, est attribué à Dom Velasquez ; il porte dix-neuf pouces de haut, sur vingt-six de large.

* 374. Le Baptême de Notre Seigneur : nombres de personnes, attentives à écouter la prédication de Saint Jean, se voient dans l'éloignement. Ce Tableau est original, il paroît être de Dom Velasquez ; il porte trente-neuf pouces de haut, sur cinquante-cinq de large.

375. Judith, tenant la tête d'Holopherne, est accompagnée de sa servante ; Figures jusqu'aux genoux, de grandeur naturelle ; Tableau peint sur toile, de quatre pieds de haut, sur trois de large. Ce Tableau est très clair & agréable : on l'attribue à Dom Velasquez.

174 TABLEAUX.

Velasquez naquit à Séville en 1594; il a eu pour Maîtres *Herrera*, appellé *le Vieux*, & *François Pacheco*. Cet Artiste, doué de talens supérieurs, a fait plusieurs Eleves: le célebre *Murillos*, dont on connoît les Ouvrages, en est un des premiers. Il est mort à Madrid en 1660.

Zubaran.

*376. Une Allégorie, désignant l'accord du Dessein & de la Peinture; Tableau de trente-six-pouces de haut, sur vingt-huit pouces dix lignes de large.

ECOLE DES PAIS-BAS.

Matthieu Bril.

*377. UN Païsage & Marine, peint sur cuivre, de six pouces de haut, sur huit de large.

Paul Bril.

378. Une Vue de Tivoli, enrichie de Figures & Animaux; Tableau peint sur toile, de vingt-six pouces de haut, sur trente-six de large.

Pierre-Paul Rubens.

* 379. Pan & Syrinx; peint sur toile, de trente-quatre pouces de haut, sur trente-un pouces de large. Ce Tableau est attribué à ce Maître.
* 380. La chaste Susanne au bain, surprise par les Vieillards, copié d'après Rubens sur toile, de cinquante-six pouces de haut, sur quarante-trois de large.

Martin Rikaert.

* 381. Deux Tableaux pendans, peints sur bois; dans l'un on voit des ruines de Rome, & dans l'éloignement le Colisé. Ils sont tous deux enrichis de Figures & d'Animaux

David Teniers.

382. Un Païsage, dans lequel est représenté une Mariée de Village, assise à table ; proche d'elle sont des personnes occupées à chanter, pendant que d'autres dansent, boivent & fument. Ce sujet est représenté devant une Ferme, où l'on voit des tonneaux, chaudrons & autres ustensiles ; dans le coin du Tableau, à droite, on apperçoit plusieurs maisons de Païsans. Ce Tableau est d'une touche facile, & d'un ton de couleur agréable ; il est peint sur toile, de vingt-cinq pouces neuf lignes de haut, sur trente-sept de large.

* 383. Une Danse Flamande dans un Païsage ; Tableau d'après Teniers, peint sur toile, de vingt-quatre pouces de haut, sur trente-six de large.

Léonard Bramer.

384. Le Buste d'un homme coëffé pittoresquement, & habillé d'hermine, vû de profil ; Tableau peint sur bois, de dix pouces de haut, sur huit de large.

Corneille de Vos.

385. Un Tableau, représentant des fruits & des légumes; dans le coin, à gauche, on voit une femme qui embroche une volaille, proche d'elle est un homme. Ce Tableau est peint sur toile, de quarante pouces de haut, sur soixante-trois de large.

Jean-Pierre Gillemans.

386. Un Tableau, représentant une guirlande de fruits; peint sur toile, de vingt-deux pouces de haut, sur dix-huit de large.

Vanderuth.

387. Deux Tableaux, représentant des vases remplis de fleurs; ils sont peints sur bois, de dix-huit pouces de haut, sur douze de large.

Louis Valle.

* 388. Le Portrait d'un homme à mi-corps, vu de face; peint sur toile,

de quarante-neuf pouces de haut, sur quarante-un de large. Ce Tableau a beaucoup de mérite, il semble que ce Peintre ait étudié Vandick.

ECOLE ALLEMANDE.

Léopoldo.

* 389. Un Corps d'Armée, dont partie défile par des Montagnes, où se passe une affaire : Tableau peint sur toile, de dix-sept pouces trois lignes de haut, sur vingt de large.

ECOLE FRANÇOISE.

Callot.

390. Une Ville assiégée, & l'Attaque de différens Ouvrages avancés; peint sur toile, de trois pieds quatre pouces de haut, sur quatre pieds neuf pouces de large. On prétend que ce Tableau est original, peint par Jac-

ques Callot, Dessinateur & Graveur, & qu'il l'a fait pour un Grand d'Espagne.

Valentin.

* 391. Saint Pierre & Saint Paul, Figures jusqu'aux genoux ; peint sur toile, de quarante-six pouces neuf lignes de haut, sur trente-huit pouces neuf lignes de large. Ce Tableau est estimé être de ce Maître.

Bélange.

* 392. Loth & ses Filles ; dans l'éloignement on voit l'embrasement de Sodôme. Ce Tableau est d'une bonne touche ; il est peint sur toile, de trente-six pouces de haut, sur quarante-sept de large.

* 393. Un Repas à la lumiere ; Tableau peint sur toile, de douze pouces sept lignes de haut, sur vingt pouces neuf lignes de large.

* 394. Un autre Tableau, où l'on voit plusieurs personnes à table ; peint sur toile, de onze pouces de haut, sur seize de large.

Patel, le Pere.

395. Un Païsage & Figures; Tableau peint sur toile, de trente pouces de haut, sur quarante-huit de large.
396. Un autre Païsage, de trente pouces de haut, sur quarante-deux de large.

Jacques Blanchard.

* 397. Un homme vu de face & à mi-corps, Figures de fantaisie ; peint sur toile, de trente-six pouces de haut, sur vingt-huit de large. Ce Tableau est savant & d'une touche grasse.

Sébastien Bourdon.

398. Un très beau Païsage, enrichi de différentes Fabriques & d'un Moulin à eau ; sur divers plan du Tableau, on voit des personnes occupées, les uns à tirer un bateau, les autres à battre du linge ; mais le principal sujet, est l'Enfant Jésus entre les bras de la Vierge, adoré par des Anges : c'est un très beau Tableau de ce Maître; il est peint sur toile, de quarante

ECOLE FRANÇOISE. 181

pouces de haut, sur cinquante-quatre de large.

Monperché.

399. Un Tableau, Païsage, Architecture, Figures & Animaux; peint sur toile, de trente pouces de haut, sur quarante-huit de large.

Charles de la Fosse.

400. Une Esquisse de plafond; peint sur toile, de vingt-trois pouces de haut, sur vingt-sept de large. Ce Tableau est attribué à ce Maître.

Nocret.

401. Galathée sur les eaux. Ce Tableau qui a du mérite, est peint sur toile, de dix-sept pouces trois lignes de haut, sur vingt-quatre de large.

DIFFÉRENS MAÎTRES.

* 402. La chaste Susanne au bain; Tableau peint sur toile, de trente pouces de haut, sur trente-sept de large.

* Un autre Tableau du même sujet;

182 TABLEAUX.
peint sur toile, de trente sept pouces de haut, sur trente de large.

* 403. Une Femme enlevée par un Centaure ; la douleur de l'une & la fureur de l'autre, sont exprimées sur leurs visages, il est très bien peint & original ; au bas est écrit *Core.* Ce Tableau est peint sur toile, de quatre pieds un pouce de haut, sur trois pieds deux pouces de large.

* 404. Le Massacre des Innocens, de dix-huit pouces six lignes de haut, sur vingt-neuf pouces six lignes de large. Ce Tableau est original.

405. Sardanapale ; le Peintre a représenté le moment qu'il se dispose à tuer sa Maîtresse. Ce Tableau, dont l'originalité est certaine, est peint sur bois, de dix-sept pouces neuf lignes de haut, sur douze pouces six lignes de large.

* 406. Une Marche d'Armée, dont partie défile sur un pont, où se fait une attaque ; Tableau peint sur toile, de vingt-huit pouces de haut, sur trente-sept de large. Ce Tableau est original.

407. Deux Tableaux originaux, représentant des Marines, dans l'un desquels on voit un combat ; ils sont

peints sur bois, de quatorze pouces de haut, sur vingt-un de large.

* 407. bis. Deux autres Tableaux, dont un représente un Cabinet de Chimie; ils portent chacun quinze pouces de haut, sur vingt-six de large.

* 408. L'Infant d'Espagne commandant une Armée; peint sur toile, de trois pieds huit pouces de haut, sur six pieds trois pouces de large.

* 409. Une Femme tenant une palme, vue jusqu'aux genoux; Tableau peint sur toile, de quarante-quatre pouces six lignes de haut, sur trente-cinq pouces six lignes de large.

410. Une Bataille; Tableau original, peint sur bois, de douze pouces de haut, sur quatorze de large.

* 411. La Fraction du pain; peint sur toile, de quarante pouces trois lignes de haut, sur quarante-huit de large.

* 412. Une Bataille dans le goût du Genois, de vingt-huit pouces six lignes de haut, sur trente-six de large.

* 413. La Vierge tenant l'Enfant Jesus; dans le haut du Tableau sont plusieurs Chérubins; Tableau de quarante-huit pouces de haut, sur trente-huit de large.

* 413. *bis.* Saint Jean baptisant dans le Jourdain ; peint sur toile, de vingt-cinq pouces de haut sur trente-un de large.

* 414. Un Tableau original, représentant une Armée en pleine campagne, que l'on voit dans l'éloignement ; sur le devant sont des troupes à cheval. Il est peint sur toile, de quarante pouces de haut, sur soixante-un de large.

415. Deux Portraits, peints sur bois & bordés ; l'un représente Monsieur, Frere de Louis XIV ; & l'autre Henriette d'Angleterre, Duchesse d'Orléans. Ils ont chacun dix pouces de haut, sur dix de large.

* 415. *bis.* L'Adoration des Rois, peinte par un ancien Maître sur une toile, de trente-quatre pouces de haut, sur vingt-six de large.

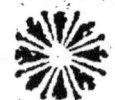

DESSEINS.

ECOLE D'ITALIE.

416. Deux Desseins de *Baccio Bandinelli*; & la Chute de S. Paul, grande composition à la plume, lavée au bistre par *Luc Cangiage*.

Ces trois Desseins sont colés sur papier de Hollande, ajustés avec des filets dorés, des lignes à l'Encre de la Chine, & lavés en différentes couleurs. Les Desseins de cette Collection sont presque tous ajustés de même.

417. Six Desseins, dont quatre de *Tadée & Fréderic Zuccaro*.
418. Dix Desseins, dont deux de *Pierre François mola*, trois de *Pietre Testa*,

& trois de *Francisque Bolognese*.

419. Deux Portraits du *Padouan*, dont un au pastel : ces deux Desseins sont des plus beaux de ce Maître.

420. Six Desseins, dont un très piquant & d'une jolie composition, dessiné à la plume & lavé à l'encre, par *Hermant Vansuavelt*.

421. Quatorze Desseins, dont neuf Etudes de *Charles Maratte*.

422. Six Desseins, dont deux Païsages de *Francisque Bolognese*.

ECOLE DES PAIS-BAS.

423. Trente-deux Desseins de différens Maîtres, dont deux paroissent être retouchés par *Rubens*.

424. Huit Desseins d'*Otto Venius*, *Rubens*, *Vandick* & *Jordaens*.

425. Cinq Desseins, dont trois de *Vandick*.

426. Six Desseins, qui sont, un attribué à *Rubens*, trois de *Jordaens*, dont une grande composition colorée, un grand Dessein de *Spranger*, & un de *Vandermeulen*.

427. Quatre Desseins d'*Otto Venius*; David jouant de la Harpe, par *Layresse*; deux Desseins de *Vandremeulen*; deux Païsages de *Vaterlot*, colorés & autres: en tout seize Desseins.

428. Dix Desseins; savoir, quatre Emblêmes, d'*Otto Venius*; un Païsage de *Vanuden*, coloré, un *Breughel*, l'Adoration des Bergers, par *Corneille de Wals*, une Bataille dessinée à la plume, & lavée par *Veschuring*; un *Both* & un Païsage de *Baudouin*.

429. Une Assemblée de Bohémiens, par *C. de Wals*; un Païsage de Genouils, deux colorés par *Vangoyen*, &c.: en tout sept Desseins.

430. Quatre Desseins, dont entr'autres un Païsage coloré par *Lucas Vanuden*, dans lequel on voit une agréable étendue de païs, ce Dessein fait l'effet d'un Tableau; ils sont rares à trouver de cette beauté: & un très beau d'*Henri Verscuring*, où est représentée la Boutique d'un Maréchal, audevant de laquelle sont des Chevaux & Cavaliers.

Les Desseins de ces Maîtres sont très estimés.

431. Six Desseins, dont, un Païsage coloré par *L. Vanuden*, d'un bon effet, une Bataille dessinée à la plume & lavée par *Veschuring*, & une Vue de Campagne, par *Vangoyen*.

432. Un Païsage & Figures, par *Moucheron*; un de *David Teniers*; une Bataille, par *Verschuring*; un *Corneille de Wals*; un *Genouille*, & trois autres : en tout huit Desseins.

433. Six Desseins de *D. Teniers*, *Van-Hels* de Bruxelles, *Van-Hecout* & *Vateau*.

434. Dix Desseins, dont six de *Quillinus*, un d'*Adam Elsheimer*, & trois Païsages de *Vateau*.

435. Deux Desseins d'*Overlaët* : ils sont à la plume, d'après deux Estampes de la suite de la Noblesse de Callot, & rendues de façon à faire illusion.

Ce Dessinateur, Boulanger de profession, a le talent de contrefaire à la plume les Estampes de tous les Maîtres ; ses Ouvrages sont très recherchés, il demeure à Anvers.

ECOLE FRANÇOISE.

436. Une Tête de *Dumoutier*, & trois Desseins de *Callot*.

437. Huit Desseins, dont cinq à la plume, par *Noblesse*; les autres sont de *Châtillon*, Peintre (en Email) du Roi.

438. Trois beaux Desseins à la plume, dont deux de *Perelle*, & un de *Silvestre*, représentant la Vue de Saint Pierre de Rome.

439. Un grand Dessein de *Sebastien Bourdon*, fait à la plume & lavé de bistre. Vénus & les Graces, au craïon noir & blanc, sur papier bleu, par *Trémoliere*.

440. Six Desseins de *Joseph* & *Charles Parossel*, dont un dans le goût de *Kalf*.

441. Vingt-un Desseins, dont plusieurs têtes originales, & d'après différens Maîtres, par *Joseph Parossel*.

442. Sept Desseins de *Joseph* & *Charles Parossel*.

443. Un Porte-feuille de Desseins, dont plusieurs Etudes de *Charles Parossel*.

444. Cinq Desseins, dont trois à la plume, par *Charles Parossel*.

445. Huit Desseins, dont cinq de *Jacques Cazes*.

446. L'Adoration des Pasteurs, dessinée aux craïons noir & blanc, sur papier bleu, par *François le Moine* : ce beau Dessein est le projet d'un Tableau qui devoit être exécuté pour la Chapelle de la Vierge à Saint Sulpice.

447. Notre Seigneur au Désert, de même que le précédent par *François le Moine* ; Bacchus par *Natoire* ; & une Tête, par *Charles Coypel*.

448. Trois Desseins, de mérite, dont, l'Enlévement d'Europe, par *le Moine*. C'est la pensée d'un excellent Tableau qui appartient à Monseigneur le Duc de Chevreuse ; une Etude de Femme, de *Natoire*; & un Ange, de C. Coypel.

449. Deux Sujets par F. *le Moine*, & une Etude de Femme ; une jolie Tête d'Enfant, en Pastel, par M. *Natoire* ; elle est piquante, & d'un beau coloris : je ne crois pas qu'on trouve mieux de ce Maître.

450. Sept Desseins, de *le Moine*, *Natoire* & *Coypel*.

451. Sept Desseins, dont deux Têtes

dessinées en pastel par M. *Natoire*.

452. Deux Desseins de M. *Boucher*; savoir, un Buste de Femme, aux craïons rouge & blanc; & un aimable Païsage, au craïon noir.

453. Deux Païsages peints à Gouasse, dont un très joli par *Pierre Pâtel*; ils sont sous verres & bordures dorées.

454. Deux petits Païsages en hauteur, par *Pierre Pâtel*: aussi sous verres & bordures dorées.

ESTAMPES.

ESTAMPES.

DIFFERENS MAITRES.

455. Neuf Estampes, dont huit de *Benedette Castiglione*, & une du *Guerchin*, par Cententius: toutes anciennes Epreuves.

456. Quinze Estampes de *Rubens* & *Vandick*.

457. Les Comtes & Comtesses de *Vandick*, gravés par Lombart, en douze Pieces: anciennes Epreuves.

458. Vingt-six Estampes, dont seize gravées par *Rembrandt*; les dix autres représentent l'Histoire de Joseph, d'après des Desseins de Rembrandt, gravées par M. le Comte DE CAYLUS.

459. La grande Fête Flamande de *David Teniers*, gravée par Thomas Major, dédiée au Duc de Cumberland: premiere Epeuve.

460. Quinze Estampes de *Vauremens*,

Berghem & D. Tenieres, gravées par Wicher, Major, Delfosses & autres.

461. *Tronus Justiciæ*, en treize Pieces, gravées par Cſwanêb.

462. *Nova Florum Icones*, en trente-six feuilles, imprimées à Amsterdam.

463. Quinze Estampes en maniere noire, dont huit gravées par *Smith*, entr'autres le Duc de Glocester, & le Portrait de Correllius.

464. Dix Estampes, dont le Corps de de garde, & la Proposition de Mariage, d'aprés *Trosst*, par Punt & Tanjé.

465 Dix-huit Portraits, gravés d'après différens Maîtres, par Jean Oubraken; & les Portraits du Prince & de la Princesse d'Orange, par Tanjé; toutes premieres Epreuves.

466. Dix-huit Portraits comme, ci-dessus, dont celui d'un Bourg-Mestre; peu commun.

467. Douze Estampes, dont neuf Pieces historiques, gravées par Fokke.

468. Soixante-dix-huit Estampes des petits Maîtres, dont plusieurs peu communes.

469. Les Batailles d'Alexandre, en sept Pieces, compris la Bataille & le

Triomphe de Constantin, d'après *le Brun*, gravées en Allemagne par P. V. Gunst : elles sont très bien conditionnées, & bonnes Epreuves sans être assemblées.

470. Trois Estampes, d'après *le Brun*, dont la Franche-Comté, par Simoneau, & le Serpent d'Airain, par B. Picart : anciennes Epreuves.

471. Dix Portraits d'après *Rigault*, *Largilliere*, & autres, dont Madame de Nemours & M. d'Antin.

472. Treize Estampes, de *Coypel*, dont Bacchus & Arianne, avant la Lettre.

473. Les Mysteres de Notre Seigneur, en trente-quatre Pieces ; les quatre Heures du Jour ; les divers sujets de Guerre, en quatre Pieces, dédiés à M. Titon : en tout quarante-deux Estampes inventée & gravées par *Joseph Parossel* : elles sont anciennes Epreuves.

474. Les deux Plafonds de Stokolm ; l'Apothéose d'Isis ; la Cérémonie de M. Dangeau, & une suite de vingt-six Médaillons avec bordures ; toutes par *Sébastien le Clerc*. Le Triomphe de la Peinture, & celui de l'Amour, par *Picart* : toutes belles & anciennes Epreuves.

475. Le Plan de Paris, en quatre feuilles; *le Clerc* y a gravé les Cartouches.
476. Dix-neuf Portraits, de *Maſſon*, *Nanteuil* & *Edelinck*, dont celui de Patin par Maſſon, & la Ducheſſe de Savoie par Nanteuil.
477. Cinquante-une Eſtampes de difrens Maîtres.
478. Cent quatre-vingt Eſtampes, différens Sujets.
479. Soixante-dix Eſtampes diverſes.
480. Soixante-deux Eſtampes, Sujets de dévotion & autres.
481. Quatre-vingt-dix Eſtampes, Portraits & Ornemens.
482. Quinze Eſtampes, Portraits & Sujets.
483. La belle Jardiniere, gravée par *Callot*: elle eſt bonne Epreuve & peu commune. Une Suite, en ſix Pieces, ayant pour titre: *Et pace & bello*; & la petite Lucrece, par *la Belle*.
484. Un petit Volume in 8°. relié en veau, contenant des Eſtampes de *Callot*, dont les Emblêmes de la Vierge, & le *Lux Clauſtri*, avec les Diſcours; la Vie de l'Enfant prodigue en onze Pieces, avant les chiffres; le petit Saint François; le Martyre de Saint

DIFFÉRENS MAÎTRES. 197

Laurent ; les fantaisies, avant les chiffres en treize pieces ; le Saint Pierre debout, les quatre Banquets, le Nouveau Testament en onze pieces, les Pénitens en six pieces, les Baillifs en vingt pieces, & huit morceaux de la Vie de la Vierge.

485. Dix-huit grandes Estampes de différens Maîtres.

486. Les Oiseaux de *Robert*, en vingt-une pieces.

487. Onze Estampes de diverses Cérémonies, Travaux & Amusemens Chinois.

488. Vingt-cinq Estampes, composées & gravées par *Pietre Teste*.

489. Quarante Estampes d'après *Cazes*, *Silvestre*, *Pater*, *le Mesle*, & autres.

490. Vingt Portraits de *Nanteüil*, dont l'Avocat d'Hollande, rare.

491. La Carte de Hongrie, en douze morceaux, gravée par Abner, sous les desseins de *Martin Stier*, Ingénieur, en l'année 1684.

492. Seize Cartes peu communes, lavées & coloriées très proprement.

493. Les Estampes de la Ligue en trente-sept pieces. Cette suite est intéressante pour l'historique.

494. Vingt Estampes de différens Maîtres.

I iij

495. La Famille de Darius, en deux feuilles, gravée par Edelinck, d'après *le Brun*.

496. La Pêche de Saint Pierre, d'après *Lanfranc*; une Estampe d'après *Passari*; une du *Dominicain*; toutes trois gravées par Dorigny; Laban d'après *Cazes*, par Preisler, & le Jugement de Salomon, par Sornique: toutes bonnes épreuves.

497. La Vie de Saint Vincent, d'après des Tableaux qui sont à Saint Lazare, en onze pieces.

498. Six Estampes de *Vandermeulen*, dont le Pont-neuf, trois pieces gravées par Huctemburck.

499. Huit Estampes du même, dont la Bataille du Duc d'Anguien, & celle du Duc de Chevreuse: ces deux dernieres sont des plus rares de ce Maître.

500. Dix autres grandes Estampes du même Maître.

501. Six Estampes de *Smith*, dont la Madelaine à la lampe, ancienne épreuve.

502. Les trente-trois Estampes du Moliere, y compris le Portrait, d'après M. Boucher, gravées par Cars.

503. Douze Estampes de choix d'après

le Brun, *Mignard*, & autres; belles épreuves.

504. Cinq Estampes de *Spranger Muller* & autres, dont Auguste César en deux pieces, par *Sadeler*, beau d'épreuve & rare.

505. Vingt-sept Portraits, dont plusieurs sont intéressants.

506. Le Mausolé de M. le Tellier d'après *Girardon*, en cinq pieces.

507. Dix pieces historiques de *Romain de Hooghe*.

508. Douze Estampes de *Vateau*, gravées par le Bas, Aveline, Scotin & autres.

509. Quatorze Estampes gravées d'après *Vateau*.

510. Quinze autres d'après le même.

511. Vingt-deux *idem*.

512. Vingt Estampes, dont neuf du Roman Comique, d'après *Pater*, par Surugue & autres.

513. Onze Estampes des Contes de la Fontaine, par Larmessin, d'après *Lancret* & autres.

514. Treize Estampes de *la Joue*; du Cabinet de M. le Duc de Picquigny; le Philosophe marié & le Glorieux, d'après *Lancret*; la vue du Cours, & celle de l'Hôtel de Ville de Marseille,

par *J. Rigaud* & autres : en tout vingt-huit Estampes.

515. Dix-huit grandes Estampes d'après différens Maîtres.

516. Cent quatorze Estampes de l'Œuvre de *Croizat*.

517. Les trois grandes Estampes gravées par Duchange, d'après le *Correge* ; belles épreuves avant les linges que le sieur Odievre y a fait mettre, lorsqu'il fut possesseur des Planches.

Ces Estampes sont ajustées sur Papier d'Hollande, avec filets dorés ; celles des quatre Numéros suivans le sont de même.

518. L'Histoire de Psyché en quatre Estampes, d'après *l'Albane*, par Beaudet : anciennes épreuves.

519. Le Portrait de Louis XIV, par Drevet, d'après *Hiacinte Rigaud*, épreuve estimable.

520. Le Portrait de M. Bossuet Evêque de Maux, aussi d'après *Rigaud*, par Drevet, ancienne épreuve.

521. Le Portrait de Madame Boucher, d'après *Raoux*, par Dupuis. Cette

belle Estampe est peu commune : celle-ci est avant la lettre.

522. Vingt Estampes de différens Maîtres.

523. Deux volumes en papier blanc, in 4°, reliés en parchemin, dorés sur tranche.

524. Plusieurs Portefeuilles & Cartons, propres à renfermer des Estampes.

APPENDIX.
Callot.

525. Onze piéces du Combat à la Barriere ; sept piéces de la grande Passion ; les deux Passages de la Mer Rouge, avec différence ; les Fantaisies, en quatorze piéces, avant les chiffres ; le *Benedicite*, & les Caprices de Florence, en cinquante-deux piéces.

526. Le Jeu du Brelan, le *Lux Claustri*, en vingt-une piéces, le titre manque ; la Tentation de Saint Antoine ; l'Exorcisme d'après Boscholi ; la Carriere de Nanci ; le *Benedicite* ; le Nouveau Testament en onze pié-

CALLOT. ces, & le petit S. Jean prêchant.

527. Les Baillifs en vingt-quatre pieces; les Bohémiens; le combat de Veillane; les *Varie figure*, en seize pieces, & autres: en tout cent six Estampes.

528. Les deux Massacres des Innocens, dont un avant la lettre; le petit Bataillon; la Vue du Pont-neuf avec le fond, par Sylvestre; les Apôtres en seize pieces; le Catafalque de l'Empereur Matthias; & la vie de l'Enfant Prodigue, en onze pieces.

529. Quarante-une Estampes, dont le Nouveau Testament, en seize pieces.

530. Vingt-cinq Estampes, dont les petites Miseres de la Guerre.

531. Cinquante Estampes, dont la petite Passion, & le Saint Pierre lisant.

Sébastien le Clerc.

532. Les Fables d'Esope, en vingt-trois pieces; le Mariage du Duc de Bourgogne, premiere épreuve; la même avec écriture; la Réduction de la Ville de Marsal; l'Apothéose d'Isis; la Cérémonie du serment de M. Dangeau, & cinq morceaux du Vitruve.

ESTAMPES. 203

533. Quatre-vingt-deux Estampes, dont les Figures & Païsages, dédiés à M. Colbert Dormoi, en neuf pieces; le Boucœur, en dix pieces.   LE CLERC.

534. Soixante morceaux, dont différentes suites.

535. Cinquante-quatre pieces, dont la Vignette de Tivoli.

536. L'Histoire de Psyché, en quatre pieces; la Harpe, les deux Plafonds & la vue du Palais de Stokholm; dix feuilles des Animaux, &c. en tout vingt-neuf pieces.

537. Trente-neuf Estampes, dont la Réduction de Marsal.

538. Sept Estampes, d'après *Teniers & Berghem*, gravées par M. le Bas.

539. Dix-huit Estampes de *Wauvremens, Teniers, Berghem, Watteau, & Van-Falens*.

540. Douze Estampes de *Watteau*, gravées par le Bas, Aveline, Scotin, & autres.

541. Quatorze Estampes, d'après *Watteau*.

542. Quinze Estampes, idem.

543. Vingt-deux, idem.

544. Vingt-sept Estampes de *Teniers, Watteau, Lancret*, & autres.

545. Vingt pieces, dont neuf du Ro-

man Comique, d'après *Pater*, par Surugue & autres.

546. Onze Estampes des Contes de la Fontaine, par Larmessin, d'après *Lancret*, & autres.

547. Vingt-huit Estampes, dont la Vue du Cours, & celle de l'Hôtel de Ville de Marseille, par *Rigaud*; le Philosophe Marié, & le Glorieux, d'après *Lancret*, & treize d'après la Joue, du Cabinet de M. le Duc de Picquigny.

548. Dix-huit Estampes de différens Maîtres.

549. Louis XIV, d'après *Rigaud*, par Drevet, ancienne épreuve.

550. La Famille de Darius, d'après *le Brun*, gravée par Edelinck.

551. Vingt-cinq Estampes de différens Maîtres.

552. Vingt Portraits, d'après *Rigaud*, dont M. le Duc d'Antin, M. Orry, l'Abbé Pucelle, gravés par Drevet, & M. de Belle-Isle, par M. Wil : belles épreuves.

553. Vingt Portraits de *Largilliere*, *Vanloo*, & autres, dont M. de Maurepas, & M. de Gesvre, d'après Vanloo, par Petit.

554. Vingt-six Portraits de *Masson*, Ede-

linck, *Vanschupen*, & autres, dont la Duchesse de Guise, par Masson : belle épreuve.

555. Louis XIV, d'après *Mignard*, par Roullet ; le Cardinal de Fleury, par Thomassin, & autres : en tout vingt-quatre Portraits.

556. Quarante Portraits, d'après différens Maîtres.

557. Quarante-huit Portraits, de différens Maîtres, dont plusieurs de Peintres & Sculpteurs du Roi.

558. Six Estampes, en maniere noire, gravées par *Smith*, dont la Magdelaine à la lampe.

559. La Vie de l'Enfant Prodigue en six pieces, par *J. Jacob Haid* ; & huit pieces, dont quatre, composition d'après *Mercier*, par Faber.

560. Dix-huit Portraits d'Hommes & de Femmes, gravés en maniere noire.

561. Neuf Portraits & Sujets, en maniere noire.

562. Dix-huit Estampes d'après différens Maîtres.

563. Les Jeux & Plaisirs de l'enfance, inventés par *Jacques Stella*, & gravés par Claudine Bouzonnet Stella, en cinquante-deux pieces, y compris

les deux titres: Cette suite est peu commune.

564. Les mêmes Estampes, colées deux sur chaque feuille.

565. Les Loges de *Raphael*, gravées par Hisbeins, en quarante-deux pieces.

566. Dix pieces du jardin des Hesperides.

567. Vingt Estampes, de *Rubens & Vandick*, dont les Apôtres en quatorze pieces.

568. Dix-sept Estampes de *Rubens & de Vandick*.

569. Huit Estampes de Jacques *Jordaens*, dont les deux Faunes, Pamphis & Philémon.

570. Les Hermites, & les Femmes Hermites, en quatre-vingt-sept pieces, gravées par *Sadeler*; belles épreuves, colées sur la demi feuille de grand Aigle.

571. *Passio, Mors, & Resurrectio*, &c. par Stradam, en trente-sept pieces, y compris les deux titres.

572. Vingt Estampes, d'après différens Maîtres François.

573. Vingt-quatre Estampes Françoises de différens Maîtres, dont plusieurs gravées par *Morin*.

574. Vingt Estampes, d'après le *Poussin*, & autres.

575. Le Plafond de la Chapelle de Seaux, en vingt cinq pieces, & celui du Sallon de l'Aurore, en quatre pieces, d'après *le Brun*.

576. Dix pieces historiques de *R. de Hooghe*.

577. Quatre-vingt-onze Estampes de *Sadeler*, dont diverses suites de la Genese, & autres.

578. Soixante-douze Estampes de *Sadeler*.

579. Soixante-quatre Estampes de *Sadeler*, dont les quatre Saisons, d'après le Bassan.

580. Soixante-six Estampes de diverses Ecoles.

581. Cinquante Estampes de différens Maîtres.

582. Trente-quatre Estampes de différens Maîtres d'Italie.

583. Six grandes Estampes, dont quatre gravées par *Goltius*.

584. Les quatre grands *Albanne*, gravés par *Poilly*.

585. Huit Estampes de différens Maîtres d'Italie.

586. Trente-quatre Estampes.

587. Les quatre *Albanne*, gravés par Beaudet.

588. Trente Estampes.

589. Vingt-six Estampes de *Picart*, dont plusieurs titres de Livres, beaux d'épreuves.

590. Soixante-dix-huit Estampes des Cérémonies Religieuses de *Picart*.

591. La Passion en douze pieces, gravées par *Goltzius*.

592. Dix grandes Estampes du Cabinet du Roi, dont plusieurs imprimées par Goyton.

593. Neuf grandes pieces, idem.

594. Dix-huit autres, toutes en hauteur.

595. Soixante-dix Estampes, dont dix Portraits d'Empereurs, & dix Jeux d'Enfans, de Corneille *Holstein*.

596. Cent vingt deux Estampes, Païsages & autres.

597. Soixante-huit Estampes de *Goltzius*, *Stradam*, & autres.

598. Trente-six Estampes de *Gillot*, & autres.

599. Soixante Estampes de divers Maîtres.

600. Trente-deux Estampes, dont une suite de Vues du Château Roïal de Risvick.

601. Neuf Portraits, dont M. Dangeau, par Drevet, avant la lettre.

602. Bouma, gravé par *Vischer* : belle

épreuve ; huit *Berghem*, & l'Eunuque de Candas, par *Vanvliet*.

603. Quatorze Estampes, dont la Vierge adorée par les Anges, d'après le *Carache*, par Poilly.

604. Le Mausolé de M. le Tellier, en cinq pieces, d'après *Girardon*.

605. Quinze Estampes, dont le Plafond du Séminaire de Saint Sulpice, d'après *le Brun*.

606. Trente-deux Estampes, Portraits, & Sujets.

607. Cinquante-cinq Estampes de divers sujets.

608. Seize Vues de Maisons Roïales & autres par *Silvestre*.

609. Quinze grandes Vues, en deux feuilles chacune, gravées par *Silvestre* : belles épreuves.

610. Dix-huit Estampes, idem.

611. Douze Estampes, idem.

612. Dix-huit autres Vues.

613. Un Porte-feuille, contenant diverses Estampes de *Vandermeulen*, & autres Maîtres, qui seront divisées en plusieurs lots.

614. Un autre Porte-feuille, idem.

615. Un autre Porte-feuille, contenant des Estampes d'Italie, des Païs-Bas, & de France.

616. Deux Porte-feuilles remplis de Desseins, qui seront aussi divisés en plusieurs lots.
617. Plusieurs Cartons & Boëtes, pour mettre des Estampes.

FIN.

APPROBATION.

J'AI lu, par ordre de Monseigneur le Chancelier, le Manuscrit intitulé *Catalogue Raisonné des Tableaux*, &c. & je n'y ai rien trouvé qui en puisse empêcher l'impression. A Paris, ce 8 Octobre 1757.

COCHIN.